¿Eres tú, María?

Lourdes Miquel y Neus Sans

¿Eres tú, María?

Serie: "Lola Lago, detective"
Título: *¿Eres tú, María?*
Autoras: Lourdes Miquel y Neus Sans

Redacción: Roberto Castón
Diseño: Angel Viola
Ilustración: Javier Andrada
Grabación y edición CD: CYO Studios

Reimpresión: febrero 2010

Edición internacional
ISBN: 978-84-8443-134-3

Edición para Klett
ISBN: 978-3-12-562019-3

Edición para Prentice Hall
ISBN: 0130993794

Edición sin CD
ISBN: 978-84-8443-107-7

Depósito Legal: M-2250-2010
Impreso en España por RARO

En esta historia vas a conocer a estos personajes:

Lola Lago: es jefa de una agencia de detectives en Madrid. Tiene un nuevo caso para solucionar.

Paco: trabaja con Lola Lago. Es su socio y también su amigo.

Miguel: es el otro socio de Lola. Los tres son detectives.

Margarita: es la secretaria de Lola, de Paco y de Miguel.

Carmela: es una vieja amiga y vecina de Lola.

Doña Elvira: es la portera de un edificio de la Plaza de la Paja, en Madrid.

Inspector Gil: es un inspector de policía de Madrid. No le gustan las mujeres detective.

Ramona: es enfermera en el hospital de La Paz, en Madrid.

Doña Lupe: vive en la Plaza de la Paja y le han robado.

Néstor Requena: es el nieto de doña Lupe y quiere descubrir quién ha entrado en casa de su abuela para robar.

María: es la sobrina de doña Lupe… o quizás no.

1

Colgué el teléfono. Estaba cansada y me dolían las piernas. El día había sido duro en la oficina. Eran las once y todavía no había cenado. Al llegar a casa me había llamado Valentina, una amiga que siempre me llama por la noche para explicarme sus problemas. Y yo lo único que quería era cenar un poco, ver un programa estúpido en la tele y acostarme. En la tele siempre hay historias de detectives que no se parecen nada a las de nuestra oficina. Historias de detectives altos y guapos y de gente rica con problemas de ricos. En nuestra oficina no somos ni altos ni guapos. Ni Paco, ni Miguel, ni yo. Y nuestros clientes no son ni estrellas de cine ni millonarios.

Fui a la cocina y miré en la nevera. Estaba casi vacía. Me preparé un huevo duro y una ensalada. Cogí una cerveza y dos manzanas y lo llevé todo al salón. No tenía mucho apetito. Sobre todo, me apetecía la cerveza helada. Aquel día, 15 de julio, hacía mucho calor en Madrid[1].

Puse la tele. Había una película de altos, rubios y valientes detectives que no se parecían nada ni a Paco ni a Miguel, mis queridos socios. Ni a mí.

2

Seguía haciendo mucho calor, un calor terrible. Me levanté para abrir el balcón, a ver si soplaba un poco de aire. En el balcón miré un poco las plantas. Tenía que regarlas. Estaban completamente secas.

Abajo, la calle estaba en silencio. En la plaza donde vivo, la Plaza de la Paja, en el viejo Madrid, casi no hay coches y, de noche, muy poca gente. Aquella noche, bajo un farol, había una pareja. Me quedé un momento mirándoles. «Una pareja despidiéndose», pensé. Y volví a sentarme en el sofá.

Al cabo de un rato se oyeron voces en la calle. Voces nerviosas. Alguien gritó: «¡No!» Volví a salir al balcón. La pareja seguía abajo, pero ahora no parecía una pareja feliz despidiéndose. Ella lloraba. Él miraba hacia otro lado y estaba callado. Luego, ella dijo algo. No lo pude oír, pero parecía enfadada. Me dio un poco de vergüenza estar ahí mirando y escuchando.

«Deformación profesional», pensé, buscando una justificación.

Luego la chica salió corriendo. Él empezó a seguirla, pero después cambió de opinión y se paró. Yo ya no podía ver a la chica. Él entró en el portal de enfrente de mi casa, en el número 10.

Todo volvía a estar en silencio y decidí acostarme. No iba a dormirme en seguida. Siempre me pasa cuando estoy muy cansada. Busqué un libro: una novela policíaca con asesinos y detectives que no se parecen nada a los de nuestra agencia.

3

Después de lavarme los dientes, me acordé de mis pobres plantas. Tenía que regarlas. No había más remedio. Salí al balcón otra vez. Miré hacia la casa de enfrente, donde había entrado el chico. Pensé que era una tontería estar ahí pensando en gente que no conocía. La casa de enfrente estaba a oscuras. Pero de repente se encendió una luz, la del tercer piso. Vi la sombra de un hombre. Se movía rápido. Luego, la luz volvió a apagarse.

No podía dejar de mirar. Me parecía que era él.

Pocos minutos después, el hombre volvió a salir a la calle. Lo miré con atención, como un zoólogo. Parecía muy nervioso. Andaba muy rápido. No parecía un enamorado preocupado, sino alguien que estaba haciendo algo peligroso, o ilegal... Me lo decía mi instinto de detective.

«Mañana hablaré con el conserje», pensé.

A las doce y media, por fin, me acosté, con una novela de Raymond Chandler[2]...

4

«¡Uy! ¡Las plantas!», pensé de pronto, ya en la cama. «Con esos vecinos tan interesantes me he vuelto a olvidar de los geranios...» O sea, que otra vez al balcón.

Cuando estaba regando, llegó la chica de antes. La reconocí en seguida. Entró en el portal. Se encendieron las luces del tercer piso y pronto se volvieron a apagar. Luego, la chica salió con dos maletas y una bolsa. Tenía prisa. Al salir a la calle, se le cayó el bolso. Lo recogió y empezó a andar deprisa hacia la calle Segovia[3].

Me quedé mirando. En el suelo brillaba algo. Algo que se había caído del bolso. ¿Qué hacer? Me vestí y bajé a buscarlo.

Delante del portal, encontré unas llaves. Ninguna de las llaves abría la puerta.

Luego, me fui a dormir. Estaba muy cansada. Ya era la una y cuarto.

5

Me levanté a las once. Era domingo. Compré *El País*[4] y me senté en la terraza de la Plaza de la Paja. Los domingos por la mañana me encanta sentarme en una terraza a leer el periódico tranquilamente. Pedí un café con leche[5] y me puse a hojear el suplemento dominical[6]. ¡Qué bien! Todo un domingo para..., para no hacer nada, absolutamente nada.

Al cabo de un rato, llegó a la plaza una ambulancia. Se paró delante del número 10, la casa de la noche anterior. Un grupo de vecinos salió al portal. Todos estaban muy serios y hablaban bajo. Unos minutos después, los enfermeros bajaron en una camilla a una anciana. Parecía muy grave. Dejé mi café con leche y me acerqué. En el centro del grupo, una mujer de unos sesenta años explicaba algo a los demás muy nerviosa. Era la portera. Repetía una y otra vez: «¡Dios mío! ¡Qué desgracia!». Me acerqué más para oírlo todo. Habían entrado a robar en la casa de la anciana, doña Lupe.

–Yo le subo todos los domingos el periódico y hoy nadie me ha abierto. Me ha parecido muy raro y, como tengo llave, he entrado. Y ahí estaba, la pobre, en el suelo, toda llena de sangre. ¡Qué susto! Al principio pensé que estaba muerta... ¡Dios mío! ¡Qué desgracia! –explicó doña Elvira, la portera.

—Oiga, doña Elvira, ¿y la sobrina? ¿No vive doña Lupe con una sobrina? –preguntó un vecino.

—Pues no sé dónde estará... Ayer no la vi... Como viaja mucho... Es azafata o algo así. ¡Ay, Dios mío! ¡Qué desgracia! –dijo la portera.

La verdad es que estaba contenta de ser el centro de la reunión. Se notaba.

6

Al poco rato llegó la policía, el inspector Lucas Gil y un tal Peña. Yo los conocía sólo de vista, pero los saludé como a amigos de toda la vida. Una buena manera de tener información.

—Oye, después me gustaría hablar con vosotros –le dije a Gil–. Vivo ahí enfrente, ¿sabes?, y anoche, desde mi balcón vi cosas que quizá tienen relación con esto.

Gil y Peña me miraron con desconfianza. Conozco bien esa mirada. La mayoría de policías españoles miran así a una mujer detective. Te miran como a una niña que quiere jugar a ser mayor. Finalmente aceptaron tomar un café conmigo.

—Os espero ahí enfrente, en la terraza. No os olvidéis, ¿eh?

—Cómo nos vamos a olvidar, mujer.

—Hasta ahora.

—Hasta luego.

La portera seguía explicando cosas. Doña Lupe vivía en el tercer piso, en el de la derecha. En el piso de las extrañas entradas y salidas de anoche.

«Lo sabías, Lola, lo sabías...», me dije a mí misma.

7

Gil pidió un carajillo[7] y Peña una caña[8]. Yo empecé a explicarles lo de la noche anterior.

—¿Y cómo era él? —preguntó Gil.

—No sé... Había muy poca luz. No muy alto, bastante bien vestido, creo... Ah, sí, y con barba.

—¿Y ella? —preguntó Peña mirándome como si yo fuera el ladrón.

—Pelo largo, delgada... No sé, es difícil. Vivo en el cuarto piso, ¿sabes? Y, además, soy un poco miope.

—Podría ser la sobrina... —comentó Gil.

—Quizá —respondí yo—. Yo también lo he pensado.

—Si te acuerdas de algo más, ya sabes, nos llamas a la comisaría.

—Claro, por supuesto.

Gil y Peña se levantaron para irse. No les gustaban las mujeres detective. Era evidente.

—Me gustaría saber cómo termina esto... —dije yo.

—Mira, nena, esto es asunto de la policía...

—Lo sé, lo sé... Simple curiosidad.

—Pues lo lees en el periódico, nena.

—Vale, vale...

No soporto que me llamen «nena», pero me callé. Para un detective privado es mejor no tener problemas con la policía.

8

Después de comer, intenté echar una siesta[9] en el sofá. Hacía un calor terrible. No podía dejar de pensar en lo de aquella mañana. Quería saber más. Pero, ¿qué podía hacer?

Decidí llamar a Paco, uno de mis socios. Los domingos suele quedarse en casa. Quería explicárselo todo. A ver qué le parecía a él.

–¿Sí...? –respondió una voz medio dormida.

–Soy Lola. ¿Qué estás haciendo?

–Dormir... Bueno, estaba durmiendo. Con este calor...

–Perdona, chico...

–Nada, nada... Eres la tercera persona que llama en media hora.

–Oye, lo siento...

–Vale, no pasa nada. ¿Qué querías?

Se lo conté todo. Lo de la noche, las explicaciones de la portera y la conversación con los policías.

–A ese Gil lo conozco. ¿No te acuerdas? Tuvimos que trabajar con él en el caso Treviño –dijo Paco.

–¿El caso Treviño?

–Sí, mujer, hace un par de años. Aquellas joyas robadas en Alicante[10].

–Ah, sí, sí, ahora, ahora... Ya me acuerdo.

–No le gustan nada los detectives privados.

–Sí, de eso me he dado cuenta.

–Bueno, y ahora dime: ¿por qué me despiertas para explicarme todo esto? ¿Qué tenemos que ver nosotros con el asunto?

–No, nada. Tenía que contárselo a alguien.

–Lola, ya sabes mi teoría: si no hay cliente que paga...

–Sí, claro.

–¡No vamos a trabajar por *hobby*[11]!

–Sí, tienes razón.

–Cambiando de tema, acuérdate que mañana va a ir a la oficina el Sr. Serrano, el del socio que se ha ido con la «pasta»[12].

–¿A qué hora?

–Sobre las diez.

–Muy bien.

–¿Qué haces esta tarde?

–Ni idea. Morirme de calor.

–¿Y además?

–Nada más.

–Échate una siesta como yo. Seguro que te empiezan a llamar todos los amigos.

–¡Qué gracioso!

–Hasta mañana, nena.

–No me llames nena.

–Vale, nena.

–Brrrrr[13]...

9

El lunes a las nueve de la mañana salí de casa. Había dormido mal y no tenía ganas de ir a la oficina. A esa hora ya hacía mucho calor. Al otro lado de la plaza vi a doña Elvira, la portera del número 10. Y, naturalmente, me acerqué para hablar con ella.

–Doña Elvira..., usted perdone... –dije yo.

–Buenos días, usted dirá –respondió ella, dispuesta a contestar a todas mis preguntas.

–Yo vivo ahí enfrente y... soy periodista, ¿sabe?

–¿Periodista? ¡No me diga! ¿De la tele?

–No, trabajo para una revista.

Prefería no decir la verdad. A lo mejor a doña Elvira tampoco le gustaban los detectives privados.

–¿Y para qué revista trabaja usted? –me preguntó.

–Bueno..., para una nueva. No la conocerá usted todavía. Se llama *Esta semana*. Quería saber qué ha pasado en el tercer piso, ya sabe...

—Oh, ha sido terrible. La pobre doña Lupe está muy mal, muy mal... Está en coma, en La Paz[14]. Y es ya muy mayor, la pobre. Ochenta y cinco años debe tener ya.

—¿Y qué pasó exactamente?

—Pues verá... El domingo yo le llevo siempre el periódico a doña Lupe, desde hace muchos años. Ahora no puede leer porque no ve casi nada. Si está María, su sobrina, se lo lee ella. Si no, yo misma le explico lo que yo entiendo. ¡Bah! Para lo que traen los periódicos: sólo malas noticias, guerras...

—¿Y?

—Pues ayer subí como todos los domingos. Llamo una vez y otra vez y nada, no me abre. Y yo, claro, me preocupé. Ella nunca sale a la calle, ¿sabe? Total, que fui a buscar la llave. Yo tengo una llave del piso.

—Y abrió...

—Eso. ¡Dios mío! ¡Qué susto! Estaba allí en el suelo, la pobre. Al principio creí que estaba muerta. Llamé inmediatamente a una ambulancia y a la policía.

—¿Robaron algo?

—Yo ya se lo he dicho a la policía: doña Lupe es muy rica, riquísima. Su marido, don Anastasio, que en paz descanse[15], vivió en Cuba unos años. Allí ganó mucho dinero. Luego, además, vendieron unos terrenos en la costa, en Alicante, creo. Les dieron millones y millones.

—¿Y usted cree que tenía dinero en casa?

—Dinero, no sé, pero joyas, sí. Joyas muy buenas. A mí me las enseñó un día. ¡Una maravilla!

—¿Y las joyas han desaparecido?

—Hija, no sé. Esos policías que vinieron...

—Sí, los conozco.

—No quisieron decirme nada. Nada de nada. Ni a mí que soy como de la familia, vamos.

—Me han dicho que doña Lupe vivía con una sobrina.

–Sí, esa...

–¿Cómo se llama la sobrina?

–María, María Requena, ¿la conoce usted?

–No, no, qué va.

–No, como ha dicho usted que vive ahí enfrente... Es una chica, ¿cómo se lo diría? Un poco rara. Será por lo del accidente, digo yo...

–¿El accidente?

–Tuvo un accidente de coche, muy grave, parece. Eso justo antes de venir a vivir con doña Lupe.

–¿Y dice usted que María es la sobrina de doña Lupe?

–Sí. Bueno, en realidad, es hija de un sobrino de doña Lupe, que también vivió en Cuba. María nació en Cuba. Luego se fueron a los Estados Unidos. María vivió en América hasta el año pasado, cuando se vino a España. Entonces tuvo el accidente. Creo que estuvo tres meses en el hospital, también en La Paz.

–¿Y ahora?

–Pues eso es lo raro. Ni idea de dónde está. La vi este sábado por la mañana, pero desde entonces...

–¿Sabe usted en qué trabaja?

–Creo que es azafata, pero no de las que vuelan. Trabaja en ferias y congresos y cosas así.

–Ah... ¿Y cómo es?

–Guapa..., sí, más bien guapa. Alta, delgadita... Pero muy callada. Conmigo nunca habla. Y a mí la gente a la que no le gusta hablar... No sé, no me cae bien. Pero doña Lupe estaba contenta de tenerla aquí. La pobre está tan sola...

–¿No tiene hijos?

–Sí, un hijo y un nieto, Néstor. Viven en Italia y no vienen nunca. Tuvieron problemas en la familia. El hijo de doña Lupe quería ser arquitecto y no quiso ocuparse de los negocios de la familia. Entonces, don Anastasio le desheredó. Me lo contó doña Lupe. Ahora la policía está intentando encontrarlos.

Me quedé callada un momento, pensando.

–¿Escribirá algo en su revista? No ponga mi nombre, ¿eh? –dijo ella.

–No, mujer. Además, todavía no tengo suficiente información. Pasaré por aquí un día de éstos, a ver si hay algo nuevo, ¿vale?

–Cuando quiera, aquí me tiene.

–Muchísimas gracias.

Había estado hablando con doña Elvira mucho rato. Iba a llegar tarde a la oficina. ¡Como siempre!

10

–Buenas –dije al entrar.

–Buenos días –respondió Margarita, la secretaria, sin dejar de pintarse las uñas–. Miguel te está esperando. Creo que ahora mismo te está llamando a tu casa.

Margarita, la secretaria, es muy simpática, pero su principal trabajo, además de pintarse las uñas, es llamar a su novio Tony cada media hora. Tony es para Margarita como el mismo Robert Redford, pero un Redford de metro cincuenta. Margarita hace miles de faltas de ortografía en las cartas a los clientes y su mesa es como una perfumería. También hay en su mesa una foto enorme: Tony y ella, cogidos de la mano, en un parque.

Aquel día Margarita estaba de mal humor. Tony, el día anterior, no la había llevado al cine. Miguel también estaba de mal humor.

–¡Hombre! ¡Ya era hora!

–Si sólo son las diez y cuarto... ¿Y Paco?

–Tampoco ha llegado todavía. ¡Y el Sr. Serrano debe estar a punto de llegar!

–Bueno, estamos tú y yo, ¿no? –le respondí yo–. ¿Qué tal el fin de semana?

–Horrible.

–¿Por qué?

–Muy mal, muy mal. Me sentó mal la cena del viernes y...

–¿No salías el viernes con una vieja amiga de la Universidad?

–Sí.

–¿Y qué tal?

–Fue el marisco.

–¿Qué?

–Que me sentaron mal unas almejas.

–Sí, ya se sabe, el marisco...

A Miguel siempre le duele algo o siempre le sienta mal algo cuando sale con una chica.

–¿Y tú? –me preguntó él.

–Psé, regular. Nada especial.

–¡Huuuy! ¡Mi estómago!

–¿Por qué no mandas a Feliciano a la farmacia?

Se lo pregunté sin mucho interés, porque ya estoy acostumbrada a las enfermedades de Miguel.

–¿Feliciano? A las nueve ha salido a tomar un café y todavía no ha vuelto.

Feliciano también trabaja en nuestra agencia de detectives. Eso dice él, al menos. Es una especie de mensajero[16], chico para todo. Eso, cuando se le encuentra. Y no se le encuentra casi nunca. Está horas y horas fuera de la oficina y pierde los documentos importantes que tiene que llevar. A todas horas come inmensos bocadillos de sardinas o de atún o de anchoas[17]. Feliciano tiene diecinueve años. Es muy delgado, muy blanco y un poco bizco. Todos creemos en la agencia que está secretamente enamorado de Margarita. Él cree que nadie lo sabe. Cuando habla con Margarita, se pone rojo como un tomate y se le cae el bocadillo. Ah, lo olvidaba: Feliciano escribe poemas, largos poemas de amor.

Yo también empezaba a pensar, cuando llegó Paco, mi otro socio, que aquél era un lunes horrible. Paco es gordito y siempre está de buen humor. Aquel lunes no entendió por qué todos le miramos mal cuando dijo:

–¡Buenos días a todos! ¡Qué día tan bueno! ¿No? ¿Pasa algo?

Nadie contestó.

11

Tres días después, el jueves, yo seguía pensando en el extraño caso de doña Lupe y en la noche del domingo.

Por la tarde, al volver a casa, decidí ir a visitar a la portera doña Elvira otra vez. Doña Elvira me explicó que doña Lupe ya estaba un poco mejor.

–Yo la fui a visitar ayer –me dijo–. Los médicos dicen que dentro de unos días podrá volver a casa.

–¿Vio algo ella el domingo?

–Dice que oyó ruidos y se levantó. Fue hacia el salón. Luego, sólo recuerda el golpe en la cabeza.

–O sea, que no vio nada ni a nadie.

–Bueno, la pobre casi no ve.

–Ah, sí, es verdad.

12

En el portal de mi casa encontré a Carmela. Carmela es una vecina y una amiga. Tiene sesenta años y pesa 90 kilos. Va siempre muy pintada y se ríe como una niña. De joven fue artista, bailarina en un cabaret. Ella cuenta que ha tenido dieciocho novios y tres maridos. Para mi, es como de la familia.

Carmela cocina muy bien y a veces me lleva un poco de sopa a casa o me invita a cenar. Dice que no me cuido, que trabajo demasiado y que me voy a poner enferma.

–¡Lola! ¿Cómo estás, guapa? Hace días que no te veo. Huy, ¡qué mala cara tienes...!

–Hola, Carmela.

–¿A que no sabes qué he hecho hoy para cenar? Merluza a la vasca[18]. ¡Una merluza! ¿Por qué no subes luego?

–Ah, pues sí. Mi nevera está como el desierto del Sahara.

Me gusta cenar con Carmela. Me explica viejas historias del teatro y de sus amores. Carmela, además de ser una excelente cocinera, es una mujer muy inteligente. Cuando tengo un caso difícil, se lo cuento. Ella siempre me da buenos consejos. Sería una detective muy buena. Yo siempre se lo digo.

Después de cenar, nos tomamos una copa de orujo[19] del pueblo de Carmela. Yo le conté la historia de doña Lupe. Carmela me escuchó con atención.

–Tengo una idea –dijo–. ¿Por qué no vas a La Paz? Yo tengo una muy buena amiga que es enfermera ahí. Ves a la abuela y preguntas por María, la sobrina. En los hospitales saben muchas cosas de la gente.

–Muy buena idea. Carmela, ¡qué rica estaba la merluza!

–Pues para mañana tengo canelones, hechos en casa.

–Los canelones engordan, Carmela.

–Anda, anda... ¡Si estás cada día más delgada!

Ni yo ni mi balanza estamos de acuerdo con Carmela. Al día siguiente sólo iba a comer ensalada y fruta. Había comido demasiada merluza.

13

El martes salí de casa pronto, a las ocho. Para mí las ocho es prontísimo[20]. En casa no quedaba café y fui a desayunar al bar de la esquina. Allí desayuno muchas veces.

–¿Café con leche? –me preguntó Luis, el dueño.

–Gracias Luis, y un paquete de «Habanos»[21].

–¿Vuelve a fumar, Srta. Lola? ¿No lo había dejado?

–Sí, Luis, sí. Desgraciadamente vuelvo a fumar. Los nervios.

–Pues es muy malo...

–Lo sé, lo sé.

A mi lado, en la barra, había un hombre de unos treinta y cinco años. Moreno, fuerte, bien vestido... Quizá más interesante que guapo. No era, desde luego un cliente habitual. Decidí pedirle fuego.

–Lo siento, no fumo –me respondió sonriendo.

–¡Qué suerte! –dije yo. Y me puse un poco colorada.

–Tenga, Srta. Lola, aquí tiene una caja de cerillas –dijo Luis que estaba escuchando la conversación.

Luego el nuevo y atractivo cliente le pidió a Luis cambio para llamar por teléfono. Cogió las monedas, marcó un número y se puso a hablar.

–Buenos días. Quisiera hablar con el Dr. Sánchez Mata, por favor.

Esperó un poco y luego dijo:

–Buenos días, doctor. Soy Néstor Requena. Sí, exacto, el nieto de la Sra. Requena.

Yo escuchaba sin perder palabra, cada vez más nerviosa. ¡Qué casualidad! ¡Y qué suerte!

–Sí, sí, claro, de acuerdo. Voy ahora mismo para el hospital –le dijo Néstor al médico.

Yo no sabía qué hacer. ¿Hablar con él? No lo pensé dos veces. Era entonces o nunca. Saqué una de mis tarjetas del bolso y, cuando colgó, le dije:

–Perdone, es usted Néstor Requena, ¿verdad?

–Sí.

–Mire, sé lo que le ha pasado a su abuela y algunas cosas más que la policía no sabe. Creo que puedo ayudarle.

Parecía muy sorprendido. Le di mi tarjeta, la miró y luego dijo:

–¡Una detective! No sabía que había mujeres detectives...

–La verdad es que no somos muchas.

–No he pensado contratar a un detective. La policía...

–Sí, claro –dije yo–. Pero si cambia de opinión, ahí tiene el teléfono.

Estaba extrañado, sorprendido. Yo pensé que sorprendido también estaba muy guapo.

Me terminé el café, le di la mano y salí a la calle.

«Lo has hecho bastante bien, Srta. Marlowe[22]», me dije a mí misma.

14

En la calle Segovia tomé un taxi. Yo siempre voy en moto, en mi vieja vespa. Pero estaba estropeada desde el jueves.

En el hospital pregunté por la amiga de Carmela. Una enfermera llegó a los cinco minutos. Era bajita y pelirroja. Parecía muy simpática.

–Hola, soy Ramona. Carmela me ha hablado mucho de ti. ¿Quieres ver ahora a doña Lupe o tomamos un café primero?

–Buena idea. Primero un café.

–En el bar del hospital empezamos a hablar.

–Sí, me acuerdo de María Requena. Fue un accidente terrible. Dos coches que chocaron en la carretera de Burgos[23]. La otra chica...

–¿Qué otra chica? –pregunté yo.

–Eran dos: dos coches y dos chicas. De la misma edad, más o menos. La otra chica, Jacinta, estaba peor. Estaban en la misma habitación, ¿sabes? Jacinta murió. Tenía una fractura de cráneo muy grave. Y no sé mucho más porque yo, en aquella época, estaba normalmente en Ginecología. Sólo estuve dos o tres días con ellas, como sustituta.

–¿Conoces a alguna otra enfermera que...?

–No, creo que no. Ahora hay muchas nuevas en esta planta. Bueno, si, un enfermero, Jenaro. Pero hace días que no viene. Debe de estar enfermo o de vacaciones. Podemos también mirar en el archivo las historias clínicas. ¿Quieres?

–Sí, ¿por qué no?

Terminamos nuestros cafés y fuimos hacia el archivo.

–¿Vino alguien a ver a María, aquí al hospital?

–No sé, no lo recuerdo... ¡Vemos a tanta gente! Pero me parece que no tenía familia o algo así.

Delante de la puerta de unas oficinas, Ramona me dijo:

–Espérame un momento aquí. Vuelvo enseguida.

–Vale.

A los diez minutos salió con cara preocupada.

–Ha pasado algo muy raro.

–¿Qué?

–No está su historia clínica. Nada, absolutamente nada sobre María Requena...

–¿Y de la otra chica? –pregunté sin saber por qué.

—No sé. ¿También te interesa?

—A lo mejor.

—Voy a ver —dijo, y volvió a marcharse.

Volvió en seguida.

—Más raro todavía. Tampoco hay nada. ¡Qué extraño!

—A veces se pierden papeles —dije yo pensando en Feliciano, el de mi agencia.

—No, aquí no. No pasa nunca. ¡Y de las dos chicas, además! Me parece muy raro.

Nos quedamos calladas pensando.

—¿Vamos ahora a ver a la abuela? —propuso Ramona.

—Cuando quieras.

15

Al entrar nosotras en la habitación 201, doña Lupe dijo:

—¿Eres tú, María?

—No, soy Ramona. María aún no ha llegado. Pero va a venir muy pronto, ya verá —dijo Ramona cogiéndole la mano.

Doña Lupe cerró los ojos y se durmió. Parecía muy pequeña en esa habitación blanca, en esa cama blanca, muy pequeña y muy, muy vieja. Me dio pena.

—No sé... Está bastante mal. ¿Por qué no vienes otro día para hablar con ella? Hoy está muy cansada.

—Sí, tienes razón. Gracias por todo, Ramona.

—Nada, nada. Las amigas de Carmela son amigas mías —dijo.

Salí del hospital y cogí un taxi para ir a la oficina.

—Alcalá, 38, junto a Sevilla.

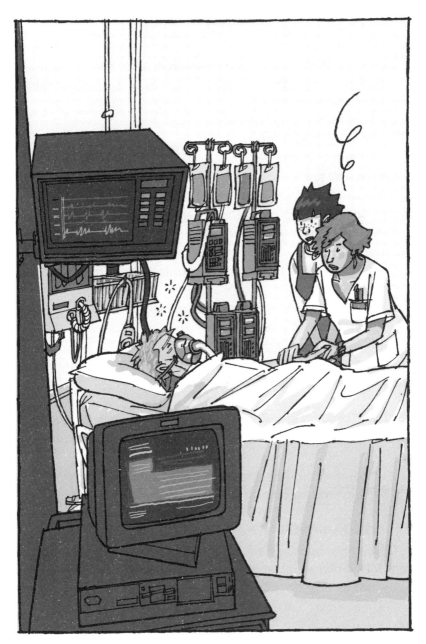

16

Cuando llegué, Margarita estaba hablando con su novio.

–Espera un minuto, amor mío. Lola, hay un recado para ti.

–¿Sí? ¿De quién?

–Ha llamado un tal Néstor.

–¡Yupiiiii! ¡Néstor!

Feliciano me miró asustado y dejó caer un bocadillo de anchoas en la moqueta.

–Sí, cariño. Sí, corazón, un segundo –dijo Margarita al teléfono–. Ha dicho que vendrá a la una y media.

–Néstor, ¿qué? –pregunté yo para estar completamente segura.

–Néstor Reteña. A ver... lo he apuntado por aquí...

–Será Requena...

–Bueno, Requeña o Retena o algo así.

–Gracias, tesoro –le dije yo.

–Sí, amor, sí, ¿qué decías?

Margarita volvía a hablar por teléfono. Feliciano la seguía mirando con cara triste.

17

–Paco, creo que tenemos un nuevo cliente –le expliqué.

Paco estaba tranquilamente leyendo cómics en su despacho.

–¡Qué bien! Lo necesitamos. ¿Quién es?

–Néstor Requena. ¿Recuerdas lo que te conté el domingo?

–Más o menos, estaba durmiendo la siesta.

–Pues es el nieto, el nieto de doña Lupe, mi vecina.

–Lola..., ¡cómo eres! –dijo Paco riéndose.

–Fantástica, ¿no?

–Sí, nena, sí.

–Va a venir a la una y media.

18

A la una y media en punto Néstor entró en la agencia. Margarita, cosa rara, se levantó de su silla y le llevó a mi despacho. Estoy segura de que pensó: «Es casi tan guapo como mi Tony.».

Muy rápidamente se lo expliqué todo. También mi visita al hospital.

–O sea, que ya está trabajando –dijo.

–Más o menos. Lo mío es casi un deporte.

–Ahora va a trabajar para mí. Quiero saber qué ha pasado. Es todo un poco raro. La abuela tenía joyas muy valiosas. Dos cajas de joyas: unas buenas y otras falsas, iguales. Reproducciones exactas. Es muy difícil notar la diferencia. Pero...

–Pero, ¿qué?

–Sólo se han llevado las buenas. Y no era fácil encontrarlas. He hablado con la abuela y me lo ha explicado. El ladrón lo sabía todo. Es alguien que la conoce muy bien.

–Además, está la desaparición de María... –dije yo–. ¿Qué dice la policía?

–He hablado con un tal Gil.

–¿Y?

–No sé... No me gusta. No me fío. Por eso he venido.

–Comprendo. Nosotros cobramos 20 000 pesetas diarias más los gastos.

–Eso no importa.

–A mí sí. Bueno, le llamo cuando sepa algo.

–Vale. Estoy en casa de unos amigos. Tome nota: 3181802.

–Hasta pronto.

–Chao.

–Espere un momento. Me gustaría ver el piso de su abuela. ¿Usted tiene llaves?

–Sí, las tengo, pero voy a pedirle permiso primero a la abuela.

–Vale, ¿me llama luego?

–Sí. Una cosa más: ¿por qué no nos tuteamos[24]?

–Por mí no hay problema.

–Hasta luego, Lola.

–Hasta luego.

19

Salí a comer un bocadillo. Paco comía en casa de sus padres y Miguel tenía dolor de estómago. Comí sola. No me gusta nada comer sola y sólo tardé un cuarto de hora. Tomé un cortado[25] en un bar y volví a la oficina. En la oficina estaba sonando el teléfono. Entré corriendo.

–Diga.

–Lola, soy Ramona, la amiga de Carmela.

–Hola, Ramona. Dime.

–Mira, te llamo porque he seguido buscando y he encontrado algo: la dirección de Jacinta, la otra chica. ¿La quieres?

–Pues sí. Puede ser interesante pasar por ahí. A ver si alguien recuerda algo.

–Toma nota: calle Santa Bárbara, 11, 1.º, D. «D» de Dinamarca.

–Gracias, bonita.

–De nada. ¡Suerte! Y recuerdos a Carmela.

20

Volvió a sonar el teléfono. Era Néstor.

–Ya he hablado con la abuela. Está de acuerdo. ¿Cuándo vamos a ver el piso?

–Cuando quieras.

–Yo no tengo nada que hacer esta tarde...

–Pues vamos ahora mismo. ¿Dónde quedamos?

–¿Delante de la puerta de la casa?

–OK. Hasta ahora.

Había mucho tráfico en el centro. Y yo sin la moto..., ¡en taxi! Tardé media hora en llegar.

–Lo siento. El tráfico está hoy horrible.

–No te preocupes. Yo también acabo de llegar.

Néstor llevaba una camisa gris. Pensé que era del mismo color que sus ojos.

Entramos en el piso. Estaba oscuro. Había muchos muebles antiguos, buenas alfombras, buenos cuadros. En el salón, un piano de cola.

–Quisiera ver la habitación de María –dije.

–Creo que es ésa del fondo. Pero no estoy seguro: yo hace muchos años que no he estado aquí.

En la habitación de María había algo de ropa, ropa cara, algunos libros, sobre todo de teatro, y poco más. La cama estaba sin hacer.

Abrí los cajones de un mueble. Mucha ropa interior. Por fin, en el último cajón, papeles. Empezamos a mirarlos. Había una foto de una chica en bañador en la playa.

–¿Es María?

–No lo sé. Sólo la he visto una vez y éramos pequeños. Los últimos años no hemos tenido ningún contacto.

–Ya.

También había una postal, firmada «Jenaro». Era una postal de Oviedo[26]. El texto era extraño: «La de la foto era ella». Se la enseñé a Néstor.

–Raro, ¿no?

–Sí, no es una postal muy normal...

Salimos de la habitación y dimos otra vuelta por el piso: nada interesante, el típico piso de una abuela rica.

–Jenaro, Jenaro... ¿Dónde he oído ese nombre estos días? –dije.

–Yo sólo he conocido a un Jenaro. Bueno, a dos. El padre y el hijo. Mi abuelo tenía un secretario que se llamaba Jenaro, Jenaro Llamas. Pero tuvo problemas con él. Bebía mucho y lo despidió. Yo jugaba con su hijo, Jeno. Era mi mejor amigo. Ahora creo que vive en Asturias.

–La postal viene de Asturias. ¡Qué casualidad!

–Sí...

–¡Ya está!

–¿El qué?

–¡Ya sé quién me habló de un Jenaro! En el hospital. Un enfermero que cuidó a María se llama Jenaro.

–Otra casualidad, quizá.

–¿Sabes, Néstor? En mi profesión la casualidad no existe...

21

Salimos los dos pensativos. En la calle le dije:

–¿Tienes algo que hacer?

–No, ¿por qué?

–Quiero visitar otro piso, el piso donde vivía Jacinta.

–¿Jacinta?

–La compañera de habitación de María en el hospital.

–¿Para qué?

–Todavía no lo sé.

–Bueno, pues te acompaño.

–¿Cogemos un taxi?

–No, yo he venido en moto. Me la ha dejado un amigo.

–Estupendo, me encanta ir en moto.

–Ahí está.

Era una moto maravillosa.

«¡Qué bien no haber venido en mi vieja vespa!», pensé.

22

Llegamos a la calle de Santa Bárbara. Llamamos al timbre, pero nadie contestó. De pronto, algo me llamó la atención: la cerradura. Era una cerradura muy especial. Luego, un momento de intuición femenina: busque en mi bolso. Una de las llaves que perdió María el domingo era también muy especial. Sin decir nada, probé. La puerta se abrió. Néstor me miraba con la boca abierta.

–Pero, pero, pero...

–Luego te explico. Ahora subamos.

En el 1° D volvimos a tocar el timbre. No contestaron. Probé con otra llave y la puerta del piso se abrió también. En el pasillo, un chico desnudo, que salía de la ducha, nos miraba asustado.

–¿Qué pasa? ¿Qué quieren? ¿Quiénes son ustedes?

Entró corriendo en el cuarto de baño y salió con una toalla en la cintura.

–Tranquilo, tranquilo... No pasa nada. Debe ser un error. ¿No vive aquí una chica que se llama Jacinta? –dije yo tranquilamente.

Néstor me miraba cada vez más sorprendido.

–No, aquí no vive ninguna chica y ustedes no pueden...

–Perdona, hombre, de verdad. Creía que vivía aquí una amiga mía y como las llaves abren...

–¿A quién buscan? Antes vivía aquí una chica...

–Sí, estamos buscando a una chica.

–Esperen un momento. Yo alquilé este piso hace un año, aproximadamente. Había aquí algunas cosas de esa chica. Todavía las tengo.

Se fue y volvió al cabo de unos minutos.

–Tome.

Había ropa de cama y un paquete de cartas y papeles. Cartas dirigidas a Jacinta Romero Díaz. Muchas llevaban la misma firma: «Jenaro». También había un pasaporte. Profesión: actriz.

–Demasiadas casualidades, ¿no crees?

–Sí, demasiadas.

23

Entramos en un bar. Necesitábamos tomar algo fuerte.

–Un coñac para mí.

–Para mí, otro –dijimos al camarero.

Empezamos a mirar con más calma los papeles. Había también algunas fotos de una chica.

–Esta debía ser Jacinta.

–A ver, a ver esta foto. Yo conozco a este hombre... Pero no sé de qué... ¡Dios mío! ¡Qué lío!

Néstor se quedó callado pensando. Al cabo de un rato dijo:

–Oye, hay algo que no entiendo. ¿Dónde has encontrado las llaves de ese piso?

–Eso es lo más raro: las tenía María. Las perdió el domingo, delante de su casa. Yo las recogí.

–¿Y por qué María tenía unas llaves de Jacinta, que murió hace un año?

–Ni idea.

Nos despedimos y yo me fui a la oficina. Quería pensar. En la oficina, cuando no hay nadie, pienso mejor. Pero estaba demasiado cansada para pensar. Me acordé de los canelones de Carmela.

«Empezaré el régimen mañana», pensé. «Mañana sólo fruta y ensalada.».

24

Los canelones de Carmela estaban deliciosos. Me explicó su historia de amor con un capitán de barco irlandés y nos reímos un buen rato. Luego volví a casa. Todavía hacía calor y abrí el balcón. Miré hacia el número 10. Era ya una costumbre. Alguien entraba. ¿Alguien? ¡Era María! Me puse unos zapatos y bajé las escaleras corriendo. Tenía que encontrarla o seguirla o hablar con ella... Cuando llegué, ya había entrado. Decidí esperar. Media hora después, se abrió la puerta y salió. Llevaba una bolsa.

–¿Eres tú, María?– le pregunté.

Dio un salto. Me miró y no dijo nada.

–¿Quién eres? ¿Qué quieres? –me preguntó luego.

–¿Eres María Requena? –volví a preguntar.

–¿Para qué quieres saberlo? –dijo ella.

En ese mismo momento sacó de su bolso una pequeña pistola.

–No me sigas... ¡No me sigas o disparo! –gritó

Echó a correr hacia la calle Segovia. No podía hacer nada. Volví a casa. También era demasiado tarde para llamar a Néstor o a Paco... Y no servía de nada. Se me había escapado.

—Es más alta de lo que parece en la foto –pensé. Y me quedé dormida en el sofá.

25

Por la mañana llamé al inspector Gil. Le conté lo de María. Sólo eso.

—La estamos buscando –me dijo él.

—Todo es un poco raro, ¿no crees?

– ¿Raro? ¿Por qué? Ella se ha llevado las joyas y ya está.

—Gil, es la sobrina... El nieto, Néstor Requena, me ha contado que María es la única heredera en el testamento. Doña Lupe y su marido desheredaron a su hijo.

—Tú sabes muchas cosas...

—También es mi caso.

—Ah, ¿sí? ¿Desde cuándo?

—Desde ayer. Trabajo para el Sr. Requena, el nieto de doña Lupe.

—Qué interesante... –dijo con ironía–. Pero no olvides que no puedes esconder nada a la policía, ¿eh?

—No, claro –dije como una niña buena.

Una desagradable conversación con uno de los más desagradables policías de Madrid.

26

A las doce llamaron del taller: mi vespa estaba arreglada. Cogí un taxi para ir a recogerla. En Cibeles[27] el taxi se paró en un semáforo. Una mujer cruzaba la calle: ¡María...! ¡Otra vez ella! Estaba de suerte.

—Déjeme aquí mismo.

–Ciento ochenta.

–Tenga, quédese con el cambio.

Bajé del taxi y empecé a seguirla. Desde lejos, porque no tenía que verme.

Se sentó en la terraza del Gijón. Miró el reloj: estaba esperando a alguien. Entré en una cabina y llamé a la oficina.

Desde la cabina podía verla. En la oficina comunicaban: Margarita y Tony, seguro. Al final respondieron.

–Margarita, ¿está Miguel? Miguel o Paco...

–Si, ¿de parte de quién?

–Soy yo, Lola. Venga, rápido...

–Ya va, ya va...

–¿Sí? –respondió Miguel.

–Miguelito, ven en seguida. Estoy en una cabina, justo enfrente del «Gijón»[28]. Te necesito.

–Mira, es que ahora mismo me iba al dentista y...

–Miguel, te digo que os necesito. A ti o a Paco. O mejor a los dos.

–Vale, vale... Pero, ¿qué pasa?

–Venid y os lo explico.

27

A los diez minutos Paco y Miguel llegaban tranquilamente. Yo les esperaba no tan tranquilamente. Les expliqué la situación. Después les dije:

–Sentaos ahí, a su lado. A mí me conoce.

–O.K., nena.

–Brrr... Rápido.

En ese momento llegó un hombre, un hombre con barba. Yo le conocía, de una foto y de la noche del domingo. Me quedé en la cabina esperando. A los cinco minutos vino Paco.

—Lola, creo que te has equivocado de chica. No es ella. El de la barba la llama Jacinta, no María...

—¡Jacinta! ¿Estás seguro?

—Sí, seguro. Él le ha dicho que se va de Madrid y ella que no quiere irse con él. No sé, pero me parece que no es...

—Paco, ahora lo entiendo todo. Voy a llamar a Gil a la Comisaría, que vengan en seguida.

—Yo no entiendo nada —dijo Paco.

—No importa, ahora no hay tiempo. Es demasiado largo... Tú vigílales, que no se vayan. Yo voy a llamar a la policía.

—Mira, van a pagar. Se van a ir. ¿Qué hacemos?

—Ve, ve, sígueles. Yo llamo a Gil.

Por suerte, el camarero tardó en llevarles la cuenta. Tuve tiempo de hablar con Gil y explicarle un poco la cosa.

—Vamos a seguirlos. Le vuelvo a llamar más tarde —le dije.

—Pero, oye, oye...

—Luego, luego llamo. ¡Se van...!

La chica y el de la barba se quedaron un momento hablando de pie. Luego se separaron.

—Vosotros la seguís a ella y yo a él. Si pasa algo, llamad a la oficina.

El de la barba cogió un taxi, y yo, otro.

—Siga a ese taxi.

La frase clásica.

—¿A cuál?

—A ése, a ése. ¡Por Dios, hombre, a ése de ahí!

Demasiado tarde. Demasiados coches en la Castellana, demasiados taxis blancos, todos iguales. Le di al taxista la dirección de la oficina.

A lo mejor mis socios tenían más suerte. En la oficina, Margarita estaba hablando por teléfono.

—Margarita, lo siento, pero espero una llamada muy importante.

—Adiós, Tony, amor mío. Tengo que colgar. Sí, sí, cielo, te llamo luego.

Me serví un whisky. Estaba demasiado excitada. ¡Qué lata estar ahi esperando, sin poder hacer nada! Por fin sonó el teléfono.

—Soy Paco. Estamos en Atocha[29]. Va a coger un tren. Andén 5.

—Voy para allá.

Al salir le dije a Margarita:

—Llama al inspector Gil. Dile que estoy en la Estación de Atocha. Andén 5.

28

En la estación estaban Paco y Miguel. A unos diez metros, sentada en un banco, ella: ¿María? ¿Jacinta? En seguida llegaron Gil, Peña y dos hombres más. Todos nos acercamos a la chica.

—Policía —dijo Gil enseñando una placa.

—¿Qué pasa? —dijo ella asustada.

—¿Es usted María Requena? —preguntó Gil.

No había entendido nada.

—Sí —respondió ella.

—No —dije yo—. Usted es Jacinta Romero Díaz. María Requena murió hace un año en La Paz.

Gil me miró.

—¿Qué? ¿Cómo?

—Deténgala, inspector.

—Yo no quería, yo no quería... Fue él, fue Jenaro... Yo... —dijo en voz muy baja.

29

En la comisaría hablé con Gil. Miguel y Paco también estaban ahí, escuchando con atención. Gil no estaba muy contento. Yo sabía mucho más que él. Bueno, yo lo sabía casi todo ya.

—Hace un año dos chicas tuvieron un accidente. Dos coches chocaron en la carretera de Burgos. Las llevaron a La Paz. Allí alguien las reconoció, María, una rica heredera, y Jacinta. María estaba muy grave. Iba a morir. Estaba claro. Fue fácil cambiar la identidad. Tenían la misma edad, un aspecto parecido... Jacinta fue a partir de entonces María Requena. La verdadera María murió y Jacinta iba a heredar.

— Más despacio, señorita... ¿Y quién hizo todo eso?

—Creo que Jenaro Llamas. Conocía muy bien a la familia Requena. Su padre trabajó para ellos. También conocía muy bien a Jacinta. Era su novia y...

—¿Y?

—Trabajaba en La Paz, como enfermero.

—¿Estás segura de todo eso?

—Sí, creo que fue así.

—¿Y luego?

—Jacinta vivió un año con doña Lupe. Fue fácil. La abuela estaba casi ciega, María había vivido siempre en América, nadie la conocía... Pero Jenaro se cansó de esperar.

—¿De esperar qué?

—La muerte de doña Lupe, la herencia. Y el domingo pasado decidió actuar. Creo que ella, María, o sea, Jacinta, no estaba de acuerdo.

—Y ese tal Jenaro, ¿dónde está?

—No lo sé. La chica debe saberlo. Quizá en Asturias. Pregúnteselo a ella.

30

Unas horas más tarde, la policía detuvo a Jenaro, a Jeno, el compañero de juegos de Néstor, en Barajas[30]. En su cartera estaban las joyas de doña Lupe y un billete a México D. F.

Yo, después de la comisaría, me fui a casa. Estaba agotada.

En el contestador automático había un mensaje de Néstor: «¿Quieres cenar conmigo esta noche? Tenemos que hablar. La policía me ha llamado, pero... Bueno, tú me lo explicarás todo mejor».

–La dieta de fruta y ensalada la empezaré mañana –pensé. Y me metí en la bañera.

31

Antes de ir a cenar con Néstor, pasé un momento por la oficina. Quería ver a los chicos. Todavía estaban todos menos Miguel.

–¡Uauuuu! ¡Qué guapa! ¿A dónde vas esta noche? –me preguntó Paco.

Feliciano me miró casi como mira a Margarita o a sus bocadillos.

–A cenar –respondí yo.

–¿Con quién?

–¿A ti qué te importa? Con un cliente.

–Ah, ¿sí?

De pronto entró Margarita.

–Lola, me olvidaba: ha llamado Néstor Requena. Quería cenar contigo esta noche. Le di tu número particular.

–Sí, sí, ya...

–¡Ajá! Comprendo... El caso Requena no ha terminado, ¿eh?

–Je, je... ¡qué gracioso! Tenemos que cobrar, ¿no?

–Sí, claro, claro... –dijo él con ironía.

–¿Y Miguel? –pregunté yo.

–En la cama, con dolor de estómago, de muelas, de espalda... ¡qué sé yo!

–Ya.

–Es una pena. Esta noche tenía que salir con una amiga, la mujer de su vida, según él.

–Comprendo... –dije yo.

32

En la puerta de la oficina estaba Néstor esperándome, con un inmenso ramo de rosas.

–Para la mejor detective de Madrid –dijo al verme.

–De Europa, de Europa... No es difícil. Soy casi la única...

Estaba guapísimo. Desde la ventana de la oficina, Margarita, Feliciano y Paco nos miraban.

33

Al día siguiente, doña Lupe volvió a su piso de la Plaza de la Paja. Néstor fue a visitarla con un gran ramo de flores. Cuando entró en su habitación, la abuela preguntó:

–¿Eres tú, María?

–No, abuela, soy Néstor.

Me lo contó doña Elvira, la portera, con una lágrima bajándole por la mejilla. Doña Elvira es una sentimental. Y yo también. También me explicó que a lo mejor Néstor no se va a Italia.

Ahora tengo, en la Plaza de la Paja, un vecino guapísimo y una abuela feliz.

NOTAS EXPLICATIVAS

(1) En España se toma bastante cerveza. Es habitual tomarla muy fría. En Madrid suele hacer mucho calor en verano: se llega, a veces, a 40°C.

(2) Famoso novelista norteamericano, autor de novelas policíacas.

(3) La calle Segovia, recibe el nombre de una de las ciudades más hermosas del centro de España.

(4) El País es el periódico más vendido en España. Tiene una línea progresista.

(5) Muchos españoles desayunan fuera de casa, en una cafetería. También son muchos los que sólo toman café o café con leche, sin comer nada o muy poco.

(6) Como en muchos países, en España, los domingos los periódicos van acompañados de una revista o varias con artículos, información sobre espectáculos, pasatiempos, humor, etc.

(7) Un **carajillo** es un café con coñac u otro alcohol.

(8) Una **caña** es un vaso o pequeña jarra de cerveza de barril.

(9) Algunos españoles duermen un rato después de la comida del mediodía, especialmente los fines de semana.

(10) Alicante es una ciudad muy turística, situada en la costa mediterránea.

(11) Hobby es un anglicismo de uso frecuente en español.

(12) Pasta es una manera coloquial de llamar al dinero.

(13) Onomatopeya que indica malestar o enfado.

(14) **La Paz** es uno de los más grandes hospitales públicos de Madrid.

(15) **Que en paz descanse** es una frase que utilizan casi exclusivamente las personas mayores al referirse a una persona que ya ha muerto.

(16) **Mensajeros** son personas que llevan en moto cartas o paquetes de un lugar a otro de la ciudad. Existen actualmente muchas empresas de mensajería que prestan servicios a otras empresas.

(17) En España se consumen muchos bocadillos (por la mañana, para merendar o para cenar, e incluso para comer al mediodía cuando se tiene poco tiempo). Hay una gran variedad de bocadillos en los bares: de embutido, de queso, de carne, de tortilla, de pescado en conserva, etc. En Madrid son típicos los bocadillos de calamares a la romana.

(18) **Merluza a la vasca** es un plato de pescado vasco. Lleva una salsa con almejas, guisantes, espárragos, huevo duro y perejil.

(19) El **orujo** es un aguardiente que se hace en Galicia, región situada en el noroeste de la Península Ibérica.

(20) Las ocho es una hora normal para levantarse en España. Muchos españoles, sin embargo, lo hacen antes.

(21) **Habanos** es una marca de tabaco negro muy fuerte. En España se fuma también tabaco negro.

(22) **Philip Marlowe** es un famoso detective creado por Raymond Chandler.

(23) **Burgos** es una ciudad situada en Castilla, al norte de Madrid. Es una ciudad de interés histórico y monumental, especialmente famosa por su catedral gótica.

(24) En España es normal tutearse entre personas jóvenes, incluso en una relación profesional.

(25) Un **cortado** es un café con un poco de leche. Es una manera muy extendida de tomar el café en España.

(26) Oviedo es la capital de Asturias, región situada al norte de la Península Ibérica.

(27) Cibeles es una plaza en el centro de Madrid.

(28) El **Café Gijón** es un bar clásico de Madrid, célebre por sus tertulias de intelectuales.

(29) Atocha es una de las estaciones de ferrocarril de Madrid. De Atocha salen los trenes que van hacia el Sur.

(30) Barajas es el aeropuerto de Madrid.

¿LO HAS ENTENDIDO BIEN?

1

- ¿A qué se dedica Lola Lago?
- ¿Cómo se sentía Lola aquella noche?
- ¿Se parecen Lola, Paco y Miguel a los detectives de las películas de la televisión?

2

Marca con una cruz:

¿Qué vio Lola desde su ventana?

- ☐ Una pareja feliz.
- ☐ Una pareja discutiendo.
- ☐ Una pareja despidiéndose.

¿Qué hace Lola cuando está muy cansada?

- ☐ Se duerme en seguida.
- ☐ Lee novelas porque no puede dormirse.
- ☐ Sale a dar un paseo.

3 y 4

Señala quién hizo estas cosas. ¿Lola, el hombre o la chica?

Lola El hombre La chica	volvió a salir al balcón para regar las plantas. parecía nervioso. no parecía un enamorado preocupado. volvió a salir a la calle. *el hombre* volvió a la plaza y entró en el portal. *la chica* salió con dos maletas y una bolsa. *la chica* perdió unas llaves. ⎤ *la chica* encontró las llaves. ⎦ *Lola* se fue a dormir. *Lola*

5

- ¿Qué le gusta a Lola hacer los domingos por la mañana?
- ¿Qué pasó la noche del sábado en el número 10?
- ¿Quién encontró a doña Elvira herida?
- ¿Dónde estaba la sobrina de doña Elvira?

6 y 7

- ¿Quiénes eran Gil y Peña?
- ¿Les gustan a los policías españoles las mujeres detectives?
- ¿Dónde vivía doña Elvira?
- ¿Vio bien Lola a la pareja de la noche anterior?

8

Forma frases relacionando un elemento de cada cuadro:

a
(A) Lola
(A) Paco

b
no le interesa el caso
se enfada
llama a Paco
no puede dormir la siesta

c
porque está pensando en lo que vió anoche.
porque quiere contárselo a alguien.
porque no hay «cliente».
porque la llaman «nena».

9

- ¿Cómo descubrió doña Lupe que le había pasado algo a doña Elvira?
- ¿Tenía mucho dinero doña Lupe? ¿Por qué?
- ¿Qué sabes de María Requena, la sobrina?
- ¿Quién es Néstor?

10

Une con una flecha:

Tony
Margarita
Paco
Miguel
Feliciano

siempre está enfermo.

es el novio de Margarita.

es la secretaria.

siempre come y lo pierde todo.

hace muchas faltas de ortografía.

es muy bajito.

está enamorado de Margarita.

siempre está de buen humor.

12 y 13

- ¿Quién es Carmela? ¿Qué le aconseja a Lola?
- ¿Cómo conoce Lola a Néstor Requena?
- ¿Qué le parece a Lola Néstor?

14 y 15

¿Verdad o mentira?

Las dos chicas estuvieron en el hospital juntas. ❏

Las dos chicas murieron. ❏

Jenaro era el hermano de una de ellas. ❏

Doña Lupe confunde a Ramona con su sobrina. ❏

16, 17 y 18

- ¿Quién llamó a la oficina?
- ¿Para qué fue Néstor a la agencia de detectives?
- ¿Qué pasó con las joyas de la abuela?
- ¿Quién cree Néstor que había robado las joyas?

19, 20 y 21

¿Verdad o mentira?

- ❏ A Lola le gusta comer sola.
- ❏ Ramona le dio la dirección de Jacinta a Lola.
- ❏ Lola fue a casa de doña Elvira muy rápido.
- ❏ Lola encontró algo extraño en la habitación de María
- ❏ Néstor no conoce a nadie que se llame Jenaro.
- ❏ Lola cree en las casualidades.
- ❏ A Lola le gustan las motos.

22 y 23

- ¿Cómo entró Lola en la antigua casa de Jacinta?
- ¿Quién vivía allí entonces?
- ¿Encontró algo interesante Lola en el piso de la calle de Santa Bárbara?
- ¿Qué es lo extraño?

24, 25, 26 y 27

Escribe un breve resumen de los dos encuentros casuales de Lola con María. ¿Cuándo, dónde y cómo pasaron?

28 y 29

¿Verdad o mentira?

- ❏ La chica de la estación era María.
- ❏ Jacinta había muerto en La Paz.
- ❏ Jenaro y Jacinta querían heredar todo el dinero de la abuela.
- ❏ El padre de Jenaro trabajó para la familia.
- ❏ Jacinta era la novia de Jenaro.

- ¿Con quién quedó Lola para cenar?
- ¿Por qué crees que se puso guapa?
- ¿Con quién vive ahora doña Lupe?

Nestor